AF257758

MADAGASCAR.

LA POLITIQUE ET LE COMMERCE.

MAURICE.

IMPRIMERIE DU MAURICIEN.

1850.

MADAGASCAR.

LA POLITIQTE.

Telle qu'elle se présente à nous aujourd'hui, la question primordiale de nos relations avec Madagascar comprend deux autres questions subsidiaires très délicates et qu'il est essentiel de ne pas confondre :

Celle de savoir d'abord si nous devons accepter le monopole exercé par M. Delastelle dans les différents ports du royaume d'Emirne ;

En second lieu si, ce monopole cessant d'exister, nous devons chercher à renouer des rapports de commerce avec la côte Orientale de l'île malegache, et quels seraient les moyens que l'on pourraient employer pour arriver à ce résultat.

Les opinions émises jusqu'à ce jour par le *Cernéen* et le *Mauricien* sur la première de ces questions, sont identiquement les mêmes. Il n'en devait pas être autrement ; et cela, par la raison toute simple que le sentiment qu'elles expriment est au fond de tous les cœurs créoles, et qu'il est d'ailleurs impossible à tout esprit sensé, à toute âme honnête et bien trempée, de mettre en pareille occasion la question d'intérêts matériels au-dessus de la question de dignité individuelle et d'honneur national. Ce n'est pas là du chauvinisme ; c'est du patriotisme : voilà tout ! Non seulement les offres de M. Delastelle doivent être repoussées parce qu'elles s'étayent d'un privilège exclusif, contraire à toute saine doctrine de liberté commerciale ; mais encore et par dessus toutes choses, la prohibition des produits hovas doit être maintenue sur notre place, tant que n'auront pas complètement disparu les têtes des marins anglais et français ignomigneusement exposées sur la plage de Tamatave, et qu'il ne leur aura pas été donné une sépulture convenable et digne, à l'abri de toutes nouvelles injures.

Ce premier point ainsi établi, il reste à examiner si nous devons nous tenir toujours éloignés des Hovas et renoncer, pour un temps que l'on ne saurait prévoir, aux ressources nombreuses qui sont là à nos portes et que nous offre la côte Orientale de Madagascar ; ou s'il n'existerait pas quelques moyens qui pourraient être employés, précisément par les deux Colonies de Maurice et de la Réunion, pour arriver à la reprise de nos rapports commerciaux avec la grande île africaine ?

Le *Cernéen* n'a pas encore abordé cette partie de la question. Mais le *Mauricien* d'aujourd'hui exprime une sorte de pressentiment à cet égard. Cherchons, dit-il ; nous trouverons peut-être. Toutefois, en annonçant que plusieurs négociants du Port-Louis se sont réunis avec l'idée de réclamer l'assistance du gouvernement colonial, afin de tenter à Tananarive de nouvelles négociations financières, le *Mauricien* ajoute : « Il serait à désirer, quoi qu'il arrive, « que rien ne fût fait avec précipitation. S'il est une ques- « tion complexe et remplie de sérieux embarras dont nous « devions surtout nous défendre, c'est assurément celle de la « reprise de nos relations commerciales avec le peuple hova.»

Cette recommandation du *Mauricien* est à la fois prudente et sage et de plus parfaitement fondée.

En admettant, en effet, qu'une assistance quelconque soit réclamée du gouvernement colonial, de quelle manière et dans quelle mesure va-t-on solliciter cette intervention ? C'est là sans doute un point très délicat et qu'il y a lieu de bien définir ; car de cette première question il en découle immédiatement deux autres : celle de savoir d'abord si le gouvernement de Maurice peut prendre une initiative diplomatique en pareille occasion ; ou s'il ne conviendrait pas mieux de laisser agir le commerce des deux îles-sœurs, simultanément et en dehors de toute idée politique ?

Le désir des négocians de notre place d'arriver à une solution du problème, se conçoit aisément ; et il serait tout aussi ridicule de blâmer leur empressement dans cette circonstance, qu'il serait injuste et absurde de reprocher au public l'émotion qu'il éprouve en présence des faits actuels de la question.

Madagascar offre sous plusieurs rapports des ressources très étendues à nos deux Colonies. Depuis plus de cinq ans que tout commerce a cessé entre nos deux îles et les ports de la côte orientale de l'île Malegache, nos besoins ont dû nécessairement augmenter en raison de la durée de ces privations. Ils sont devenus plus sérieux à Maurice à la suite de l'épizootie qui a ravagé nos troupeaux. On comprend que, dans une telle situation, la réouverture de Tamatave et des autres ports du royaume d'Emirne, soit considérée comme devant être d'un secours véritable pour notre principale industrie et comme une source de profits assurés pour notre commerce, en même tems qu'elle satisferait abondamment aux besoins alimentaires de nos populations.

Mais, encore une fois, ces raisons suffisent-elles pour déterminer une intervention directe de la part de notre gouvernement ? En d'autres termes, le gouvernement anglais de Maurice peut-il faire aujourd'hui à Tananarive l'office de négociateur ?

Non sans doute ; et chacun sur ce point ne pourra penser autrement s'il se met un seul instant en présence des faits de l'histoire, des faits qui se rattachent le plus directement à la question, de ceux-là même qui ont précédé, accompagné et suivi la dernière rupture de la France et de l'Angleterre avec les Hovas.

Etablissons ceci d'abord : qu'aux termes mêmes du droit public européen, la France, la France seule, a un titre incontesté et imprescriptible à la domination de la grande île africaine. A Madagascar, les Français ne sont point sur une terre étrangère, mais sur une terre française ; ils sont en France, dans la *France Orientale*, ainsi que le portaient jadis les édits de leurs anciens rois.

Il faut remonter jusqu'en 1642 pour trouver l'origine du premier établissement français sur les côtes malegaches. Il y a deux siècles que la France maintient son pavillon à Madagascar, depuis le Cap Ste.-Marie jusqu'au Cap d'Ambre. Au Fort Dauphin, à Matatane, à Mananzari, à Tamatave, à Foulpointe et dans la baie d'Angontil, la trace de ses établissemens n'est pas effacée complètement, bien qu'ils aient échoué presque tous ; et l'île Ste.-Marie est encore là, d'ailleurs, servant à sauvegarder les droits de la France, tout en témoignant de sa résolution de ne les point laisser périmer.

La situation de l'Angleterre est loin d'être la même assurément. Sauf une seule tentative, qui a été du reste aussitôt réprimée, son action ne s'est jamais fait sentir directement sur l'île malegache. Sa politique habile s'est toujours bornée à conquérir le pays pacifiquement à l'Empire britannique ; et encore cette politique ne s'est-elle jamais exercée autrement que par l'intermédiaire des gouverneurs de Maurice.

Ce fut vers les premières années de la Restauration Française, qu'eut lieu ce premier essai de colonisation des Anglais à Madagascar. Sir Robert Farquhar avait prétendu que cette île était une dépendance de Maurice, et, comme telle, devait être comprise dans la cession faite à l'Angleterre. Pour appuyer cette prétention , il envoya, en 1816, le capitaine Lesage former un établissement au Port Louquez. Mais le gouvernement français protesta avec énergie ; il fit reconnaître ses droits par le Cabinet britannique ; et Sir Robert Farquhar fut obligé de renoncer à ses projets d'acquisition directe. Aussi, à partir de cette époque, la politique de nos gouverneurs à l'égard de Madagascar fut-elle toute différente. Ils se bornèrent à l'envoi pur et simple d'agents politiques ou de missionnaires à Tananarive. Depuis M. Hasty jusqu'à M. Lyall, depuis M. Griffithz jusqu'à M. Campbell, le gouvernement de Maurice n'a cherché qu'à contrebalancer, si non à détruire, l'influence française dans la capitale du pays des Hovas ; mais il n'a jamais tenté d'action sérieuse et matérielle qui puisse lui donner un titre quelconque à la souveraineté de Madagascar.

Ceci posé, il est évident que l'on se sent plus à l'aise pour se rendre un compte exact des derniers évènements, dont les conséquences immédiates ont été et sont encore si fâcheuses pour les deux colonies de Maurice et de la Réunion.

Et d'abord, que s'est-il passé à Tamatave en Juin 1845 ? Rien que de très logique et de très simple assurément.

Les Hovas, qui, d'après ce que nous avons dit plus haut, sont les sujets de la France, mais ses sujets rebelles ; les Hovas, avec qui les Français sont en guerre depuis 1825, causent un tort, un tort grave aux commerçants anglais et français établis sur leur territoire et qui sont en relation avec eux.

Deux capitaines de marine anglais et français sont là pour protéger leurs nationaux. Que se passe-t-il ?

L'un d'eux, le commandant Romain-Desfossés, qui représente la France etqui a conséquemment charge de sauvegarder ses droits à Madagascar, écrit au commandant Kelly ; lui fait savoir les dures conditions de commerce et de résidence infligées aux anglais et aux français de Tamatave ; et lui annonce qu'il part avec le *Berceau* afin d'assurer la retraite des uns et des autres, s'il y a lieu.

Le commandant Kelly comprend aisément que son devoir est de porter le pavillon de l'Angleterre sur ce même point de la côte malegache, ne fût-ce que pour qu'il pût être aperçu des Anglais du rivage. Il part aussitôt avec le *Conway*. Il arrive à Tamatave, où déjà se trouvait rendu le *Berceau* ; et les deux commandants reçoivent à bord de leurs vaisseaux les français et les anglais dont le séjour sur le sol hova était devenu impossible.

Mais, dans l'intervalle, le feu a été mis par les Hovas à la propriété d'un Français. Qu'arrive-t-il alors ?

Le commandant français se résout à aller attaquer les ennemis ; le capitaine anglais le suit ; ils éprouvent tous les deux un échec, ou du moins se retirent sans avoir pu, faute de canons, prendre le fort qu'ils attaquaient.

Il est évident qu'en cette circonstance le rôle de la marine anglaise n'a été qu'une simple coopération, toute volontaire et dont elle eût pu s'abstenir, puisque les Hovas n'avaient fait aucune attaque à main armée, ni contre les anglais du rivage ni contre le *Conway*. Les Anglais et les Français ont attaqué les Hovas ; ceux-ci se sont défendus et ont repoussé les forces combinées : il n'y a point là d'outrage proprement dit. La coopération volontaire des Anglais ne peut leur donner aucun droit. Car supposez que le fort hova eût été pris ; les Anglais auraient-ils eu le droit d'y tenir garnison ? Nullement. Tamatave eût appartenu aux Français, et eux seuls avaient le droit de l'occuper militairement. Ainsi, il faut réduire la coopération à ce qu'elle a été en réalité : une aide, un secours accidentel que deux

nations alliées peuvent s'accorder mutuellement, sans créer
entre elles d'autre dette qu'une dette de reconnaissance.

Cette conclusion est loin d'impliquer, à plus forte raison,
l'idée de toute coopération ultérieure. Cette idée est d'ailleurs par elle-même complètement dénuée de base solide.
Pour le reconnaître, il suffit de supposer que cette coopération soit en voie d'exécution. Les Anglais et les Français
partent ensemble pour Madagascar. Qu'y vont-ils faire ? Se
venger, purement et simplement, comme on l'a dit souvent
et comme on le répète encore, c'est-à-dire piller la côte,
détruire quelques forts, et *se retirer ensuite*, satisfaits de
ces représailles ! C'est-à-dire que les Français laisseraient
les hovas maîtres de l'île, après avoir exercé contre eux
quelques barbares et inutiles vengeances, et que devraient
cesser à jamais des relations, non seulement utiles au commerce de l'Angleterre et de la France, mais indispensables
à l'approvisionnement de nos deux colonies de Maurice et
dé la Réunion ?

La chose est trop absurde pour être possible. Non seulement il serait inhumain de n'exercer que des représailles ;
mais il serait absurde de rompre tout commerce avec Madagascar. On peut même aller plus loin et dire qu'il serait
tout aussi ridicule et coupable à la France de traiter avec les
Hovas ; car il est évident que pour le prix de ses succès
diplomatiques, elle leur concèderait ses droits de souveraineté sur toute l'île Malegache.

La France n'a qu'un rôle à jouer à Madagascar. Elle doit
renverser la domination exclusive et barbare exercée sur
toute l'île par les Hovas ; marcher au centre de leur capitale, prendre Tananarive, et y établir un protectorat, si elle
ne veut pas, dès le début, faire de la grande terre malegache
une colonie française, une *France Orientale,* selon les vœux
de ses anciens rois. De cette manière, et de cette manière
seulement, elle *vengera* les injures infligées aux Anglais et
aux Français de Tamatave en 1845, en garantissant à toujours aux peuples des deux grandes nations la paix et la sé-
curité sur le territoire d'Emirne, et aux populations de nos
deux îles des relations nombreuses et incessantes avec les
différents points de commerce de la grande île africaine.

Tout ceci est fort juste et très vrai, nous dit-on, et nous
l'admettons volontiers. Mais devons-nous attendre, nous
colons de Maurice et de la Réunion, qui souffrons le plus de
cet état de choses, la solution définitive de la question par
la France ? Bien des années peuvent s'écouler encore. La
France, occupée de sa révolution intérieure ; occupée du
mouvement général qui s'étend également sur toute l'Euro-

pe , ne pourra, de longtems encore, porter ses regards du côté de nos mers, et combiner les moyens d'une aussi vaste entreprise, d'une œuvre colonisatrice de cette nature. En attendant, que ferons-nous ? Resterons-nous dans la situation pénible où nous sommes depuis plus de cinq ans ? Ne devons-nous pas au contraire chercher à en sortir ? Et comment ?

C'est là précisément la partie de la question qu'il nous reste à traiter. Nous allons essayer de le faire le plus rapidement que nous pourrons.

II

LA DIPLOMATIE.

M. Page, capitaine de vaisseau, qui commandait naguère la division navale française des mers de l'Inde, a publié récemment en France un travail intéressant sur l'Ile de la Réunion, Madagascar, Mayotte et Nossi-Bé. Ce n'est point un travail sérieux, si l'on entend par ces mots la discussion froide et raisonnée des questions de pure politique, et de celles qui se rattachent plus essentiellement aux intérêts présents et à venir de chacune de ces localités. M. Page n'a nullement abordé ces questions. Il s'est borné le plus souvent à ne faire que le simple récit de ses impressions de voyageur. C'est en vain que l'on chercherait, dans son écrit, quelque idée féconde en ce qui concerne Madagascar ; quelque principe généreux sur la grande œuvre de colonisation par des moyens pacifiques et civilisateurs. Doctrinaire en politique, M. Page l'est plus encore quand il s'agit de questions sociales et de colonisation. Mais s'il n'a dit que quelques mots à propos de la reprise

des relations commerciales entre la France et le peuple
hova, il a du moins le mérite d'avoir défini très exactement
la situation.

Il est, a-t-il dit, trois solutions à cette question :

On peut la trancher par la guerre ;

Ou la dénouer par la négociation ;

Ou, enfin, la tourner.

On regrette tout naturellement que M. Page s'en soit
tenu à préciser ainsi les termes de la question, et qu'il ne l'ait
point résolue. On doit néanmoins lui savoir quelque gré de
la manière dont il a posé le problème.

Nous l'avons dit plus haut : la guerre, c'est la France
qui la fera ; c'est la France seule qui doit la faire. Mais
elle ne doit point se borner à exercer de simples et cruelles
représailles contre les Hovas. Elle marchera directement
au sein de leur empire, à Tananarive, dont elle devra s'em-
parer si elle se décide à coloniser en grand cette terre si
belle et encore vierge qui ne demande que des bras vi-
goureux et exercés pour être fécondée et pour produire ; si
elle veut surtout civiliser par la paix et l'éducation, par
l'industrie et le commerce, ces peuples doux et intelligents
qu'un joug barbare et odieux tient encore plongés dans
l'abrutissement de l'esclavage, et qui n'attendent eux aussi
que la main de la France pour se faire hommes libres et
prendre rang parmi les autres peuples de la civilisation.

La diplomatie, sans la guerre ; la guerre, sans l'idée de
conquête et de colonisation, ne saurait évidemment con-
duire à un pareil résultat. C'est à Tananarive qu'il faut se
rendre d'abord ; et l'on ne peut atteindre sans coup férir
la capitale de l'empire hova. Rendus sur le plateau d'Emirne, les Français dicteront des lois. Ou ils renverseront la
domination barbare qui pèse actuellement sur tout le sol
malgache ; ou bien ils se borneront à établir le protectorat,
dans un but d'échange et de relations commerciales. Il
leur appartiendra de choisir.

La négociation proprement dite, la diplomatie pure et
simple, a d'ailleurs échoué déjà plusieurs fois, depuis 1845,
auprès des ministres hovas.

On se souvient à Maurice du triste résultat des démarches tentées il y a deux ans par l'amiral Dacres. Et cependant, que n'espérait-on pas alors de sa diplomatie ? Il est
vrai que si ses négociations échouèrent, ce ne fut point
faute d'être entourées de toutes les garanties possibles de
succès, de garanties matérielles particulièrement.

M. Dacres se rendit une première fois à Tamatave, avec
le *Président* et un steamer seulement. Il y passa plusieurs

jours et revint à Maurice. Une singulière rumeur circula à cette époque sur ces premières relations de l'amiral anglais avec les autorités malegaches On lui reprochait de n'avoir pas montré assez d'énergie dans la discussion des conditions du traité qu'il avait mission de soumettre au gouvernement de Tananarive. On l'accusa même de n'avoir fait, dans cette circonstance, que de la diplomatie de mots !

Que ces allégations fussent fondées ou non, il n'en est pas moins vrai que le mois suivant l'amiral partit de nouveau pour Tamatave, accompagné cette fois d'une véritable escadre composée de la frégate le *Président*, à bord de laquelle flottait son pavillon, de deux corvettes, le *Brillant* et le *Nemrod*, et de deux steamers, la *Rosamond* et le *Geyser*. Le but de cette expédition ne fut point un mystère. Il s'agissait tout simplement d'aller à Tamatave, appuyer, auprès du gouvernement hova et à l'aide de forces imposantes, les réclamations de l'Angleterre. L'amiral Dacres écrivit même au commandant de la division française de la Réunion, pour l'informer de son départ et solliciter sa coopération.

L'expédition anglaise quitta le Port-Louis le 29 Juillet 1848. Le 11 Août suivant, on apprit parmi nous le résultat définitif des démarches tentées deux mois avant par l'amiral Dacres. Nous trouvons ces nouvelles ainsi rapportées dans le *Mauricien* de cette date :

« Le steamer le *Geyser*, mouillé hier matin sur notre
» rade, nous porte des nouvelles de Tamatave jusqu'au 5
» du courant. La diplomatie de l'amiral Dacres a complè-
» tement échoué auprès de celles des autorités malegaches
» de Tamatave, et du gouvernement suprême de Tanana-
» rive. La Reine a refusé d'apposer sa signature sur le traité
» de commerce qui lui avait été présenté pour être ratifié
» par elle. Il paraît que Ranavalo et ses ministres ne veu-
» lent pas entendre parler de conditions écrites. Ils offrent,
» purement et simplement, la réouverture des ports de pays
» hovas, après paiement d'une somme de quatre-vingt-
» mille piastres, à titre d'indemnité, mais sans garantie au-
» cune pour le maintien de ces relations commerciales. Dé-
» cidément, les Barbares font la loi aux Civilisés. »

Les négociations de la France n'ont pas été plus heureuses sans doute. Mais il est vrai de dire aussi qu'elles n'ont jamais été tentées directement.

Les trois commandants français, MM. Cécile, Page et Febvrier-Despointes, qui, depuis 1845, ont porté successivement le pavillon de la France en vue des forts de Tamatave, n'ont fait plutôt que sonder le terrain, sans entamer d'ouvertures positives avec le gouvernement d'Emirne.

Sollicité même par l'amiral Dacres de coopérer à l'établissement des conditions qu'il allait soumettre aux Hovas, M. Page refusa toute participation dans ces tentatives de l'amiral anglais, qu'il considérait, il est vrai, comme inutiles. Seulement, et afin sans doute de mieux faire comprendre que la France n'entendait intervenir en aucune façon dans cette démarche de l'Angleterre auprès des Hovas, le commandant français se rendit avec la *Reine Blanche*, le *Ducouëdic* et le *Cassini* en vue de Tamatave, et il ne s'éloigna de la côte malegache qu'après le départ du dernier bâtiment anglais.

Le commandant Febvrier–Despointes fit moins encore que M. Page. Il n'eut d'ailleurs le tems que de se montrer à peine devant Tamatave. Mais ces seuls instans lui suffirent pour reconnaître que l'occasion n'était point venue de négocier avec les ministres malegaches. Et ne pouvant faire accepter à la reine des Hovas le traité de paix. et de commerce de la France, non plus que la couronne d'or que le commandant Page avait mission de placer de ses propres mains sur la tête décrépite de Ranavalou, M. Febvrier–Despointes se rendit avec sa frégate dans les eaux des Comores, auprès de la jeune reine de Mohéli dont il fit célébrer avec pompe le couronnement, et sur le front de laquelle il posa le diadème destiné originairement à Ranavalou Manjaka.

Traiter avec les Hovas, traiter surtout de la sorte, ce serait d'ailleurs pour la France, ainsi que nous l'avons déjà dit, perdre ses droits de souveraineté sur Madagascar. Ce serait reconnaître le pouvoir barbare, la domination de sang qui s'appesantit du haut du plateau d'Emirne sur les populations nombreuses, véritables troupeaux d'esclaves, qui végètent sur le sol malegache, depuis l'Ambongou jusqu'à la Baie de St-Augustin, depuis Diégo-Souarez jusqu'à l'extrémité du Cap Ste-Marie. Or, la France ne peut pas le faire ; la France ne le fera pas, parce qu'elle est surtout une grande nation, la nation humaine et civilisatrice entre toutes les autres, et que du reste, pour les Français, les Hovas ne sont et ne doivent être que des sujets rebelles, ou tout au moins des usurpateurs.

Mais alors, nous dit-on, quelle espèce de négociations tenter qui, de la part de ce peuple encore barbare, n'aboutissent point à l'injure et qui puissent nous assurer, au moins pour un tems, des relations libres et complètes avec la côte orientale de Madagascar ?

En fait de négociations, nous croyons qu'il n'en est qu'une qui soit possible aujourd'hui et dans les circonstances nouvelles de la situation : c'est la négociation commerciale. Ne serait-ce pas là, en effet, le moyen qu'aurait voulu indiquer M. Page en conseillant, à défaut de la guerre ou de la diplomatie, de *tourner* la difficulté ?

Or, la diplomatie anglaise a échoué complètement à Tananarive. La diplomatie française, bien qu'elle se soit exercée d'une manière moins directe et avec moins de confiance dans le succès, n'en a pas été plus heureuse. Et d'ailleurs, les négociations diplomatiques ne sont plus possibles aujourd'hui entre les Français et les Hovas.

D'un autre côté, la guerre, la guerre comme nous l'entendons, c'est-à-dire accompagnée de la conquête, suivie elle-même du protectorat ou de la colonisation, ne se fera que par la France, mais dans un tems qui peut être encore très éloigné.

En outre, il y a déjà cinq ans que nos relations de commerce sont interrompues ; et cette rupture préjudicie essentiellement aux intérêts de Maurice et de la Réunion.

Maurice et la Réunion doivent-elles néanmoins, en présence de cette situation, toujours compter sur la guerre ou sur la diplomatie ?

Il est évident que non. Et comme il nous reste un moyen de nous rapprocher commercialement des Hovas, moyen nouveau et que l'expérience n'a pas encore condamné, nous devons y recourir sans plus tarder et au moins l'essayer. Ce moyen est facile. Il s'agit seulement de savoir l'employer convenablement, c'est-à-dire avec honneur et dignité, et en conservant intacte la question toute politique des droits de la France à une action quelconque contre Madagascar.

III

LE COMMERCE.

L'espèce de négociation dont nous ne faisons ici que suggérer l'idée, ne serait, ne devrait être qu'une transaction commerciale, une affaire entre les commerçans de Maurice et de la Réunion et les commerçans hovas. Le marché nous est d'ailleurs proposé par les Hovas eux-mêmes. La réponse de leurs ministres à M. Gévint et aux négocians de Maurice, peut donner la mesure de leurs intentions à cet égard, et de leur désir de renouer avec nos deux îles des relations de commerce dont ils ne peuvent se passer pas moins que nous.

Les termes de cette lettre sont, il est vrai, très peu parlementaires ; et il était tout naturel qu'ils produisissent, *à priori*, l'indignation qu'ils ont soulevée dans les deux îles-sœurs. Le sentiment de nos populations ne pouvait qu'être le même, surtout à l'idée de reprendre des relations de commerce avec Tamatave, tant que s'y trouveraient ignominieusement exposées sur le rivage les têtes des marins français et anglais morts dans le combat de 1845. Mais de ce sentiment de dignité fraternelle qui est au fond de tous les cœurs, il y a loin sans doute à cette sorte de chauvinisme étroit et aveugle qui ne voudrait admettre, dans ce dernier acte du cabinet de Tananarive, qu'un nouvel outrage de la part du gouvernement hova. En ne considérant les choses que de ce point de vue, on leur donnerait une importance, une gravité, qu'elles ne sauraient avoir réellement. Ce serait faire preuve, dans tous les cas, d'une ignorance complète du caractère particulier, bizarre même, du peuple auquel nous avons à faire.

Les Hovas ne sont pas si sauvages qu'ils en ont l'air ou qu'on veut bien le dire. Ils ne sont que barbares : c'est déjà bien assez. Cependant, au milieu de cette barbarie, il est deux points essentiels de leur caractère national, qui les distinguent des autres peuples de la Malegachie et les rendent de beaucoup supérieurs à ceux-ci : ce sont les besoins et l'esprit de commerce et les intrigues de cour. Sous ce dernier rapport, les Hovas ne le cèdent en rien aux contrées les plus avancées en civilisation.

Il y a, en effet, et personne ne l'ignore aujourd'hui, deux influences bien distinctes et tout-à-fait opposées auprès de la vieille Ranavalou : le parti conservateur ou réactionnaire, et le parti libéral. Le premier a à sa tête le ministre des affaires étrangères, Reinhard, le moins instruit des membres du cabinet malegache, qui ne connaît et ne voudrait employer, comme moyen administratif et civilisateur, que l'*ultima ratio regum*, mais dont l'opinion a néanmoins une grande valeur dans les décisions que prend la reine ; et cela, précisément par la raison que cette opinion s'appuie sur la logique de la guerre et du droit du plus fort, et sur l'espèce de suprématie morale qu'a donnée au gouvernement d'Emirne, envers les autres peuples de la grande île africaine, l'attitude toute belliqueuse qu'il a constamment gardée à leur égard. L'autre parti a pour chef réel, mais non avoué cependant, le jeune prince Bakito, fils de Radama, déjà plus civilisé que ne le fut son père bien qu'il n'ait à peine que vingt-trois ans. Bakito est instruit ; il est entouré d'hommes intelligents. Il veut le progrès et la civilisation pour son pays. Il défend la liberté du commerce et de l'agriculture, avec autant de chaleur qu'il en met à combattre pour la liberté religieuse et l'émancipation politique et sociale du peuple hova. Le parti qui suit le jeune Radama est d'ailleurs considérable ; il ne peut devenir que plus influent avec le temps.

D'un autre côté, les Hovas, pris individuellement, sont essentiellement commerçans ; et il est plus que probable, dans la situation, qu'ils feraient passer volontiers l'intérêt commercial par dessus toutes choses. Leur reine Ranavalou a sur le magnifique plateau d'Emirne de vastes propriétés que le seul exemple industriel de M. Delastelle, en admettant que celui-ci ne lui ait fourni aucune assistance matérielle, a dû nécessairement contribuer à faire mettre en valeur. La position de M. Delastelle lui-même, à Tananarive, doit êtr. comptée aussi pour quelque chose. Il possède des intérêts nombreux à Madagascar. Aidé de M. de Rontaunay, M. Delastelle a fondé à Mahéla et à Mananzari des établissemens considérables. Tandis que les autres traitans se contentaient d'exercer le métier d'échangeur, le commerce pur, il a établi deux sucreries, une distillerie ; il a fait de vastes plantations de cannes, de cafés et de cocos, au centre même de la plus belle région de l'île et sous les yeux pour ainsi dire du gouvernement hova. Il a porté le premier et en grand l'industrie européenne sur ce sol merveilleux. On comprend que son exemple ait rendu d'immenses services à la province d'Emirne, et que ces services lui aient acquis pour longtems encore, si non pour toujours, la reconnaissance de la reine, de ses ministres, et, dans une certaine mesure, celle du peuple hova. Les derniers évènemens le prouveraient au besoin. La position privilégiée qui vient de lui être accordée, bien qu'à prix d'argent, à Tamatave et sur toute la côte orientale, a nécessairement fait de M. Delastelle, dans la situation qui nous occupe, un personnage essentiellement politique à l'abri conséquemment de toute atteinte venant du dehors.

Or, dans cette situation et en présence de ces deux partis, de ces deux influences contraires qui constituent, si cela peut se dire, l'esprit public du peuple hova ; en présence surtout du monopole de M. Delastelle et de la réponse des ministres malegaches aux négocians de Maurice, il est évident que l'on ne peut poser d'autres conclusions que celles-ci, à savoir :

1o. Que nous devons faire tous nos efforts pour renouer *librement* des relations de commerce avec les Hovas ;

2o. Que nous pouvons compter, pour arriver à ce premier résultat et pour combattre conséquemment l'influence militaire du réactionnaire Reinhard, sur l'action simultanée, bien que s'exerçant séparément, de la reine Ranavalou et de M. Delastelle d'abord ; puis sur celle du jeune prince Rakito-Radama et de son parti ;

3o. Et enfin, que nous devons avoir tout autant de confiance dans ce premier succès, que nous devons mettre d'empressement et d'énergie pour obtenir *avant tout*, de l'action combinée de M. Delastelle et du jeune Radama, non seulement que *l'affaire* soit conduite en dehors de toute préoccupation politique ; qu'elle soit traitée entre les commerçans hovas et les Chambres de Commerce de Maurice et de la Réunion ; — mais encore et surtout, que dans le paiement de la somme exigée par les Hovas, il ne soit nullement question ni de M. Kelly, ni de M. Romain-Desfossés, ni en aucune façon des évènemens de 1845 ; et que, après le paiement de cette somme et comme condition *si ne quâ non* de la reprise de tout commerce entre nous, il nous soit accordé, à nous commerçans français et anglais, (ce qui d'ailleurs ne devrait être réclamé et obtenu du Gouvernement de Tananarive que par les commerçans hovas eux-mêmes), la permission pure et simple de retirer et d'ensevelir d'une manière décente et convenable les têtes des marins anglais et français exposées sur des pieux à Tamatave.

Nous livrons avec confiance l'idée de cette affaire aux hommes pratiques, aux négocians du Port-Louis et de

St.-Denis, aux Chambres de Commerce de Maurice et de la Réunion. Encore une fois, ce ne serait là qu'une transaction purement commerciale ; et, par la raison que cette opération n'impliquerait aucune pensée politique ; qu'elle serait conduite sans diplomatie, sans ruse, à ciel ouvert, et comme un marché que nous soumettrions à notre tour aux Hovas, sur les bases mêmes de la proposition qu'ils nous ont faite par l'entremise de M. Delastelle et de M. Gévint, nous croyons fermement et consciencieusement que nous devons pour le moins tenter la négociation. De cette manière, seulement, nous pourrons arriver *honorablement*, pour nous et pour les Hovas, à faire « que tout soit oublié ; que les « Hovas ne soient plus fâchés, et que le commerce soit « libre », selon les expressions de la lettre des ministres de Ranavalou aux négocians de Maurice.

De deux choses l'une, en effet : ou ces conditions sont possibles, ou elles ne le sont pas. Si elles sont *possibles*, la proposition doit en être soumise sans retard aux Hovas ; le marché peut se conclure ; une négociation doit au moins être essayée dans ce but. Si elles sont *impossibles*, si toutes, ou l'une d'elles seulement, ne peuvent être considérées comme praticables dans la situation, il est de notre devoir, de notre honneur, de notre dignité, de ne même pas chercher à entamer la transaction, et de renoncer dès maintenant à tout espoir de renouer pacifiquement des relations de commerce avec le peuple hova. L'alternative est dure, sans aucun doute ; mais elle est inévitable ; et, quoiqu'il advienne, elle ne peut au moins donner lieu qu'à un résultat honorable pour les populations de Maurice et de la Réunion.

Mais, nous dit-on encore, en admettant que cette négociation réussisse ; que nous puissions aller, comme il y a cinq ans, commercer librement avec Tamatave et les autres ports hovas, qui nous protégera, nous, nos marins, nos navires, sur le territoire d'Emirne ? Pourrons-nous compter au besoin sur l'assistance militaire de l'Angleterre et de la France ? Evidemment non, puisque nous aurions agi en dehors des traités généraux, sans le concours des gouvernemens de Paris ou de Londres, ni de ceux de Maurice et de la Réunion. D'ailleurs, les relations de commerce que nous établierions aujourd'hui avec les Hovas, ne sauraient être aussi complètes que celles qui existaient entre eux et nous avant les évènemens de 1845. Nos bâtimens n'iraient à Tamatave que pour charger les bœufs et les produits que les commerçans hovas réuniraient eux-mêmes sur ce point de la côte ; et il ne serait nullement besoin, pour ce simple trafic, de nous établir comme traitans sur le sol malegache.

La seule crainte que l'on pourrait éprouver en allant à
Tamatave, après la reprise de nos rapports de commerce
avec les ports hovas, serait de voir les exportations sus-
pendues subitement par un ordre venu de Tananarive.
Mais en admettant même que ce coup-d'Etat dut avoir lieu,
il ne serait qu'éventuel, et ne devrait être envisagé par
nous, commerçans des deux îles-sœurs, que comme une
chance mauvaise de plus dans nos opérations de commerce.
Or, cette seule crainte ne saurait évidemment suffire pour
nous arrêter dans nos démarches auprès des Hovas. Il n'est
pas probable, d'ailleurs, et cela pour les raisons que nous
avons signalées plus haut, que l'évènement se réalise de
nouveau comme en 1845. Non seulement les circonstances
ne sont plus les mêmes, mais il y a lieu de penser que le
commerce hova, avec lequel nous aurions contracté, tien-
drait à faire honneur à sa parole, et que le gouvernement
d'Emirne lui-même ne voudrait pas sans doute se montrer
moins scrupuleux que ses sujets en pareil cas.

Nous l'avons déjà dit, et nous le répéterons en terminant :
les Hovas ne sont d'ailleurs pas si barbares que pourraient
le faire supposer certains actes, certaines mesures de leur
administration. De toutes les races qui constituent le
peuple malegache, la race hova est à la fois la plus intel-
ligente et la plus forte. Sa puissance dominatrice s'étend
bien au delà des limites du plateau d'Emirne. Mais ce
n'est pas seulement dans cette force toute militaire des
Hovas, que l'on retrouve le trait distinctif de leur caractère
national. Il est une autre disposition de leur esprit, qui,
comme individus, les porte vers les travaux et les soins de
l'agriculture, tout autant que vers les combinaisons et les
chances commerciales ; et qui, comme peuple, doit contribuer essentiellement à leur faire détester le joug brutal,
la discipline de sang, qui jusqu'à ce jour n'a su faire de
leurs populations naturellement douces et paisibles, que
des troupeaux de soldats plus ou moins aguéris au feu des
combats.

C'est de cette disposition particulière du caractère hova
que nous devons chercher à tenir compte dans nos moin-
dres rapports avec ce peuple intelligent et fort. L'Angleterre et la France n'ont pas négligé ce soin, depuis
qu'elles exercent l'une et l'autre leur influence à Madagascar. L'Angleterre, particulièrement, a su faire valoir avec
profit pour le peuple d'Emirne cette ressource de l'esprit
commerçant des Hovas, tout en favorisant le développe-
ment de l'esprit militaire et guerrier du gouvernement de
Tananarive. Malheureusement, l'Angleterre et la France

se trouvent isolées aujourd'hui, par les évènemens, de toute action directe sur Madagascar. C'est donc à nous, colons de Maurice et de la Réunion, à nous populations commerçantes des deux îles-sœurs, si rapprochées de la grande île africaine, de nous mettre en rapports immédiats avec le peuple hova. Sâchons tirer parti de la situation qui nous est faite, en profitant de la liberté d'action que nous ont laissée jusqu'à un certain point les évènemens qui se sont produits depuis plusieurs années. En retournant à Madagascar, en renouant des relations d'échange avec les Hovas, nous les aiderons d'ailleurs à sortir plutôt de cette période à demi barbare où les retient encore forcément la politique de Ranavalou et de ses ministres. Un sentiment d'humanité nous prescrit ce rôle. Nous devons le remplir, en attendant que la France, qui seule y a des droits, fasse entrer les Hovas, ainsi que tous les autres peuples de Madagascar, en pleine période de civilisation.

FIN.